어린이 철학

사토 구니마사(佐藤邦政, 이바라키대학교 철학박사) 감수 | 정혜원 옮김 | 모도로카 그림

지경사

시작하는 글

| 사토 구니마사

여러분은 지금 이 책을 선택해서 읽고 있습니다. 그런데 이 책을 선택하지 않은 세계(가능성)도 어디에인가 있지 않을까요? 여러분이 이 책을 읽고 있는 것은 진짜일까요? 혹시 꿈이 아닐까요?

여러분 중에는 아직 장래 희망이나 목표를 정하지 못해 고민하는 사람도 있을 것입니다. 하지만 꼭 장래 희망이나 목표가 정해져 있어야 좋을까요? 인생이란 스스로 정할 수 있는 걸까요? 여러분이 형제자매나 친구와 싸우거나 어른들이 여러 나라나 지역에서 전쟁을 벌일 때 어떻게 해결하는 것이 가장 좋을까요? 모두가 행복해질 만한 해결 방법이 있을까요? 과연 행복이란 무엇일까요?

이 책은 여러 가지 문제를 철학자들과 함께 고민해 보고자 여러분을 초대합니다. 그중에는 이미 고민해 본 문제도 있을지 모릅니다. 여러분은 이미 그때 철학을 시작한 것입니다. 이 책을 읽으면서 여러분은 그 문제로 계속 고민할 가

치가 있음을 깨닫게 될 것입니다.

 '관심이 있기는 했지만 철학은 처음'이라면 책장을 몇 페이지 넘겨 읽어 보세요. 틀림없이 흥미로운 질문이나 생각과 만날 수 있을 것입니다. 어쩌면 철학자가 던진 질문이 여러분의 고민을 해결하는 데 도움이 될지도 모릅니다. 많은 사람이 그런 만남을 경험할 수 있도록 이 책에서는 다양한 철학자의 여러 가지 주제를 다루었습니다. 남성 철학자도 있고 여성 철학자도 있습니다. 미국, 영국, 유럽 국가의 철학자뿐만 아니라 중국, 일본 같은 아시아의 철학자도 등장합니다. 철학의 문은 남녀나 나이, 살고 있는 나라나 지역과 상관없이 지혜를 사랑하는 사람이라면 누구에게나 열려 있습니다.

 그렇다고 해도 여러분이 이 책을 선택한 것은 그저 우연입니다. 바라건대 이 우연한 기회에 철학자들의 다양하고 독특한 목소리에 귀를 기울여 보세요. 틀림없이 여러분의 가슴에 와닿는 목소리를 듣게 될 것입니다.

 자, 그럼 '철학'이라는 '문'을 열고 들어가 볼까요?

차례

시작하는 글 | 2
철학이란 무엇인가? | 6

제 1 장 세상의 근원을 생각하는 철학

- 01 세상은 늘 변한다? | 만물은 유전한다 | 10
- 02 확실히 아는 것이란? | 나는 생각한다, 고로 나는 존재한다 | 12
- 03 경험을 통해 진실을 알려면? | 귀납법 | 14
- 04 '나'란 무엇일까? | 인격 동일성 | 16
- 05 세계는 하나뿐? | 가능 세계 | 18

제 2 장 나답게 사는 방법을 생각하는 철학

- 06 '적당하다'는 게 뭘까? | 중용 | 22
- 07 감정에 휘둘리지 않는 것이 행복한가? | 아파테이아 | 24
- 08 사랑이란 뭘까? | 아가페 | 26
- 09 삶에서 중요한 것은? | 인과 예 | 28
- 10 아무것도 안 하는 게 제일인가? | 무위자연 | 30
- 11 논의가 왜 중요할까? | 변증법 | 32
- 12 초인이란 어떤 사람인가? | 초인 | 34
- 13 모든 것이 운 때문? | 도덕적 운 | 36
- 14 경험이 인생을 바꾼다고? | 전환적 경험 | 38

제 3 장 자신의 관점과 사고방식을 바꾸는 철학

- 15 지혜로운 사람이란? | 무지의 지 | 42
- 16 고통 없이 살기 위해서는? | 번뇌 | 44
- 17 선입관이란 무엇일까? | 우상 | 46
- 18 세계에 대해 모두 다 안다고? | 물자체 | 48
- 19 존재한다는 것은? | 죽음을 향해 가는 존재 | 50
- 20 인간의 본질이란 무엇인가? | 실존은 본질에 우선한다 | 52

- ㉑ 성별마다 정해진 역할이 있다? | 페미니즘 | 54
- ㉒ 타자를 어떻게 대할 것인가? | 얼굴 | 56
- ㉓ 서로 돕는 것은 중요한가? | 돌봄 | 58

제4장 우리 사회를 생각하는 철학

- ㉔ 국가는 무엇 때문에 있나? | 만인에 대한 만인의 투쟁 | 62
- ㉕ 문명사회는 좋은 사회인가? | 일반의지 | 64
- ㉖ 계급 투쟁이란 무엇인가? | 계급 투쟁 | 66
- ㉗ 행복은 늘 옳은 걸까? | 최대 다수의 최대 행복 | 68
- ㉘ 감시와 관리는 중요한가? | 생명 권력 | 70
- ㉙ 개성을 기르기 위해서는? | 관계적 존재 | 72
- ㉚ 전체주의란 무엇일까? | 전체주의 | 74
- ㉛ 공정한 사회란? | 공정 | 76
- ㉜ 남에게 인정받으려면? | 인정 | 78

제5장 새로운 시대를 살기 위한 철학

- ㉝ 미래는 중요한가? | 미래 윤리 | 82
- ㉞ 지금은 어떤 시대인가? | 포스트모던 | 84
- ㉟ 사물을 만들려면? | 구상력 | 86
- ㊱ 동물에게도 권리가 있나? | 동물의 권리 | 88
- ㊲ 잠재력이란 무엇인가? | 잠재 가능성 접근 | 90
- ㊳ 차별은 왜 안 될까? | 인식적 부정의 | 92

주요 참고 도서 | 95
찾아보기 | 96
시리즈에 대하여 | 98

철학이란 무엇인가?

| 사토 구니마사

'철학'이란 무엇일까요? 쉽고 간단하게 설명하면 다음과 같습니다.

첫 번째, 철학이란 자신이나 상대의 생각을 음미하는 것입니다. 음미한다는 것은 깊이 새기거나 감상한다는 뜻이지요. 여러분은 맛있는 음식을 만들고 싶을 때 재료와 조미료, 불의 세기 등을 생각할 것입니다. 이것은 요리를 '음미하는' 일입니다. 철학도 마찬가지입니다. 우리는 진실을 알기 위해 그것이 옳은 이유가 무엇인지, 어떤 말로 전달하면 좋을지, 더 좋은 방법은 없는지 고민합니다. 이처럼 '생각을 깊이 음미하는 것'이 철학입니다.

두 번째, 철학은 우리를 자유롭게 해 줍니다. 다시 요리와 비교해 볼까요? 요리에 익숙해지면 여러분은 자신만의 비법으로 하게 됩니다. 철학도 마찬가지입니다. 같은 주제로 계속 고민하다 보면 점점 자신만의 의견이 생깁니다. 이처럼 철학은 딱딱하게 굳어 버린 생각에서 벗어나 새로운 의견을 갖도록 스스로를

해방시켜 줍니다.

그렇다면 이제 이 책을 통해 철학하는 법을 배워 볼까요?

먼저, 각 주제의 글을 읽으며 머릿속에 떠오르는 질문을 적어 봅니다. 책의 여백에 적는 것도 좋습니다. 궁금한 점은 무엇이든 적어 보세요. 그런 다음 궁금한 점이나 생각을 가족, 친척, 선생님 등에게 이야기합니다. 상대가 '그게 무슨 말이니?' '그럴 때는 어떻게 되는 거니?'라고 물으면 마음속으로 뛸 듯이 기뻐합시다. 그것은 '여러분과 함께 철학하고 싶다'는 사랑의 메시지, 다시 말해 지혜를 사랑하는(필로소피아) 목소리입니다. 그때는 반드시 그 사람과 여러 가지 대화를 나눠 보세요. 그러다 보면 생각이 더욱 깊어질 것입니다.

그런데 만약 주위에 그런 사람이 없다면 어떻게 할까요? 그때는 옛 철학자의 설명을 들으며 질문이나 생각을 글로 남겨 봅시다. 철학은 시대를 뛰어넘습니다. 10년, 100년 후 자신의 목소리에 공감해 줄 누군가를 위해 머릿속 질문이나 생각을 깊이 새겨 봅시다.

제 1 장
세상의 근원을 생각하는 철학

01
제 1 장
세상의 근원을 생각하는 철학

세상은 늘 변한다?

모르는 것 따위는 없어.

영원한 불이 세상을 끊임없이 변화시킨다.

세상은 끊임없이 변하고 있다

계속 변해 나가자고!

01
제 1 장
세상의 근원을 생각하는 철학

격언: 만물은 유전한다

인물: 헤라클레이토스

꽃의 봉오리 부분을 떠올려 봅시다. 봉오리는 언뜻 보면 움직이지 않는 것 같습니다. 하지만 사실은 조금씩 부풀어 올라 얼마 안 가서 꽃을 피웁니다. 피어난 다음에도 계속 변화합니다. 우리가 그 아름다움에 마음을 빼앗기고 있는 동안 꽃은 눈에 띄지 않게 서서히 시들어 갑니다. 그 꽃이 달린 가지나 잎사귀도 가만히 있는 것처럼 보이지만 실은 끊임없이 변화하고 있습니다.

고대 그리스의 철학자 헤라클레이토스는 우리 인간을 포함하여 **모든 것(만물)은 늘 변화하므로** '누구든지 같은 강물에 발을 두 번 담글 수 없다.'라고 말했습니다. 강 자체는 계속 그 자리에 있지만 그곳을 흐르는 물은 끊임없이 변화하기 때문입니다.

또한 헤라클레이토스는 세상의 기본 요소는 **영원한 불**이라고 생각했습니다. 불은 일렁이면서 늘 모습을 바꿉니다. 헤라클레이토스가 보기에 불은 공기와 물, 흙과 대립하면서도 조화를 이루어 우리가 사는 이 세상의 질서를 유지합니다. 그래서 '만물은 유전한다'라는 유명한 말을 남겼습니다.

 헤라클레이토스는 '영원한 불'이 세상에 질서를 부여하는 원리(로고스)가 된다고도 생각했대.

확실히 아는 것이란?

지금 보는 세계가 모두 진짜일까?

지금 이 순간 생각하는 '나'가 존재하는 것은 확실하다!

들쥐가 맛있는 건 확실해!

> 제 1 장 세상의 근원을 생각하는 철학 02

'**내** 주변의 것들은 내가 없을 때도 존재할까?' '지금 보는 것은 모두 꿈일지도 몰라.'라고 생각한 적이 있나요?

프랑스의 철학자 르네 데카르트는 '이 세상은 존재하지 않을지도 모른다'라는 의심을 품었어요. 그렇게 **모든 것을 의심해 세상에서 더 이상 의심할 수 없는 것을 찾으려고 했지요.** 그리하여 마침내 '나는 생각한다, 고로 나는 존재한다(코기토 에르고 숨)'라는 결론에 이르렀습니다. 예를 들어, 여러분이 읽는 이 책은 사실 존재하지 않을지도 모릅니다. 어쩌면 책을 읽는 꿈을 꾸고 있는지도 모르기 때문입니다. 여러분이 지금 앉아 있는 의자도 사실은 없을지 모릅니다. 그리고 독서를 하며 느끼는 즐거움도 사실은 착각일 뿐인지 모릅니다.

그러나 지금 책이나 의자, 자신의 느낌이 존재하는지 **궁금해하고 의심하는 나 자신이 있다는 사실은 의심할 수 없습니다.** 데카르트는 진리를 알기 위해서는 아무리 확실한 것 같아도 일단 사실인지 의심하고 스스로 이유를 되짚어 보아 확실한 것을 찾는 일이 중요하다고 생각했습니다.

> 격언: 나는 생각한다, 고로 나는 존재한다
>
> 인물: 르네 데카르트

 철학자 중에는 '이 세상에 존재하는 것을 확실히 안다고 장담할 수는 없다'라고 생각하는 사람도 있대.

경험을 통해 진실을 알려면?

03
제 1 장
세상의
근원을
생각하는
철학

지금까지 그랬다고

몇 번 그랬다고 해서 '반드시 그렇다'고 말하기는 힘들다.

다음에 올 새도 반드시 검은 까마귀라고 할 수는 없지.

귀납법으로 생각하면

미래에도 그럴 거라는 보장은 없어.

'**까**마귀는 무슨 색인가요?' 이 질문에 대부분의 사람이 '검은색'이라고 대답하겠지요. 그렇다면 '모든 까마귀는 검은색'이라고 말할 수 있을까요? 답은 '아니요'입니다.

밖에 나가면 까마귀를 쉽게 볼 수 있습니다. 분명 검은 까마귀일 것입니다. **이처럼 지금까지 쌓은 경험에서 일반적인 진실이나 결론을 이끌어 내는 사고 방법을 귀납법이라고 합니다.** 귀납법은 과학 실험 등에 쓰이는 연구 방법입니다. 과학은 많은 데이터를 바탕으로 일반적인 법칙을 발견하는 학문이지요.

그런데 지금까지 본 까마귀가 모두 검은색이었다고 해서 정말 하얀 까마귀가 없을까요? 여러분이 본 적이 없는 것뿐인지도 모르고 내일 하얀 까마귀가 태어날지도 모릅니다. 귀납법으로 이끌어 낸 결론은 언제든지 반대 의견에 부딪힐 수 있습니다.

이처럼 경험을 통해 진실로 여기는 것 대부분은 완전히 옳다고 증명하기 힘듭니다. 그저 '진실인 것 같다' '확실해 보인다'라고 믿는 것일 뿐입니다.

 몇만 마리 중에 한 마리씩 하얀 까마귀가 태어나기도 한대.

'나'란 무엇일까?

몸이 나일까,  마음이 나일까?

내가 '나'임을 증명할 필요는 없다.

왜 나는 나지?

내 클론도 나인가?

어제의 나와 오늘의 내가 같은지, 아닌지 어떻게 알 수 있을까요? 어제와 같은 '몸'을 갖고 있기 때문에 '같은 나'라고 말할 수 있을까요? 아니면 오늘도 어제와 같은 '기억과 생각'을 갖고 있기 때문에 '같은 나'인 걸까요?

인간의 '몸'을 이루는 물질은 몇 년이 지나면 모두 새것으로 바뀐다고 합니다. 게다가 50년 후의 나는 오늘의 나와 전혀 다른 '기억과 생각'을 가지고 있을 것이고, 오래 전의 일을 완전히 잊어버릴지도 모릅니다.

그렇게 따지면 미래의 나는 오늘의 나와 전혀 다른 사람인 것 같습니다. 하지만 50년 후의 나는 오늘의 내가 계속 살아 있어야만 존재합니다. 따라서 **나라는 인간의 '몸' 또는 '기억과 생각'이 늘 같은지는 별로 중요하지 않습니다. 한 명의 인간으로서 연속된 자기의식을 갖는 것이 더 중요**합니다.

인격 동일성에 대해 깊이 연구한 영국의 철학자 데렉 파핏은 같은 인격인지, 아닌지 판단하는 데 중요한 것은 '심리적 연속성'이라고 생각했습니다. 그러므로 자신이 늘 같은 '나'라는 것에는 특별한 의미가 없다고 결론을 내렸습니다.

용어: 인격 동일성
인물: 데렉 파핏

 파핏은 사고 실험에서 두 사람의 뇌를 절반씩 이식할 경우 어느 쪽 뇌에 '나'가 깃들지 연구해서 이런 결론을 얻었대.

05

제1장 세상의 근원을 생각하는 철학

세계는 하나뿐?

이 세계에 나는   나 하나뿐이야.

지금 사는 세계는 수많은 다른 세계 중에서 우연히 살게 된 곳.

자리 바꾸기

가능성의 수만큼 세계가 있다!

다른 세계에 사는 내가 있다고…?!

제 1 장 세상의 근원을 생각하는 철학

[톺아] 가능 세계

[인물] 데이비드 루이스

반에서 자리를 바꿀 때 여러분은 평소 좋아하는 친구가 옆자리에 앉기를 바랄지도 모릅니다. 하지만 제비뽑기 결과 사이가 좋지 않은 친구와 앉게 되었습니다. 그럴 때 여러분은 '더 안쪽에 있는 제비를 뽑을걸!' '그 옆의 제비를 뽑을걸!' 하고 후회하겠지요. 여러분에게는 분명 좋아하는 친구 옆자리에 앉을 가능성이 있었습니다.

이처럼 존재할 가능성이 있는 세계를 **가능 세계**라고 합니다. **가능 세계는 가능성의 수만큼 무수히 존재합니다.** 망설이다가 고르지 않았던 제비를 뽑았을지도 모르는 세계, 친하지 않은 아이를 좋아했을지도 모르는 세계, 다른 나라에서 태어났을지도 모르는 세계……. 여러분은 **그와 같은 수많은 가능 세계 중에서 우연히 지금 이 현실 세계에 살고 있는 것**입니다.

철학자 중에는 우리가 사는 현실 세계처럼 가능 세계도 실제로 존재한다고 믿는 사람이 있습니다. 미국의 철학자 데이비드 루이스는 우리가 사는 세계와 함께 다른 가능 세계도 탄생할 수 있다는 **다중 우주론**을 주장했습니다.

 어딘가에 있을 다른 세계에는 실패하지 않고 사는 내가 있을까?

제 2 장

나답게 사는 방법을 생각하는 철학

'적당하다'는 게 뭘까?

06
제 2 장
나답게 사는
방법을 생각하는
철학

지금 무리하고 있는 건 아닐까?

어느 한쪽으로 심하게 치우치는 것보다 중간이 좋다.

나에게 적당한 것이 무엇인지 찾자

'적당히'가 제일 편해!

용어 중용

인물 아리스토텔레스

고대 그리스의 철학자 아리스토텔레스는 행복하게 살기 위해 **중용**을 지키는 습관을 들여야 한다고 말했습니다. **중용이란, 너무 많음(지나침)과 너무 적음(부족함)의 중간** 상태입니다.

예를 들어 도저히 불가능한 일에 덤벼드는 사람은 '무모'하고, 반대로 피하기만 하고 아무 일에도 도전하지 않는 사람은 '나약'합니다. 이 무모함과 나약함 중간의 가능성 있는 일에 도전하는 '용감'한 사람이 있습니다.

한편, 언제나 '나는 대단해!'라며 으스대는 사람은 '오만'하고, 반대로 '어차피 나는 틀렸어……'라며 망설이는 사람은 '비굴'합니다. 이 오만함과 비굴함 중간에 있는 사람은 '할 때는 한다' '하면 된다'라며 스스로를 북돋우고 믿는 마음, 즉 적당한 '자신감'과 '자존감'을 지니고 있습니다.

어떻게 생각하고 행동하면 좋을지 알 수 없을 때는 너무 지나치거나 부족하지 않은지 찬찬히 살펴봅니다. 그러면 미래를 위해 무엇이 알맞은 생각이고 행동인지 보일 것입니다. 그렇게 중용을 선택하는 습관을 기릅시다.

 아리스토텔레스는 철학뿐만 아니라 생물학, 의학 등의 과학 분야도 개척해서 '만학의 아버지'로 불린대.

07

제 2 장 — 나답게 사는 방법을 생각하는 철학

감정에 휘둘리지 않는 것이 행복한가?

모든 일에
일일이 기뻐하거나

슬퍼하지
않는 것이 행복.

일시적인 감정에 휘둘리지 말자

새처럼 높은 데서 멀리 내려다보자.

07 제 2 장 나답게 사는 방법을 생각하는 철학

용어 **아파테이아**

인물 **스토아학파**

여러분은 '감정이 풍부한 삶'과 '감정이 메마른 삶' 중에서 어느 쪽이 더 행복할 것 같나요?

고대 그리스의 **스토아학파** 사람들은 **세상 모든 것이 자연의 섭리이므로 희로애락 같은 감정에 얽매이지 않고 사는 것**이 이상적이라고 여겼습니다. 감정에 휘둘리지 않는 삶이 가장 좋다는 뜻이지요. 이와 같이 감정에 좌우되지 않는 상태를 **아파테이아**라고 합니다.

감정이 풍부한 삶은 '기쁨' '즐거움' 같은 긍정적인 감정을 낳지만 '슬픔' '증오' '노여움' 같은 부정적인 감정이나 욕망을 일으키기도 합니다. 부정적인 감정에 사로잡히면 마음이 흐트러져 침착함을 잃기 쉽습니다. 아파테이아란, 이런 부정적인 감정이나 욕망으로부터 마음이 해방된 상태라고도 할 수 있습니다.

지금 당장 감정이나 욕망을 다스리기는 힘들지 모릅니다. 그렇지만 슬픈 일이나 힘든 일이 있어도 '모르겠다. 될 대로 되라지!'라는 마음으로 차분히 받아들이면 어떨까요? 마음이 한결 편안해질지도 모릅니다.

 '스토익(stoic)'이라는 말은 감정에 휘둘리지 않는 삶을 강조한 스토아학파에서 비롯되었대.

사랑이란 뭘까?

제 2 장 나답게 사는 방법을 생각하는 철학

말로는 쉽게  사랑한다지만

사랑이란 대가를 바라지 않고 상대를 아껴 주는 것.

보답을 바라지 않는 사랑

만약 배신당하면 용서할 수 있을까?

08 제2장 나답게 사는 방법을 생각하는 철학

용어 아가페

인물 예수 그리스도

서양 철학에는 **사랑**을 뜻하는 유명한 말들이 있습니다. 이상적인 사람에 대한 동경과 사랑을 의미하는 **에로스**, 친구나 동료, 인간에 대한 사랑의 마음인 **필리아**, 그리고 헌신을 의미하는 **아가페**가 있습니다. 헌신은 대가를 바라고 하는 것이 아닙니다. **아가페는 상대의 보답을 바라지 않는 무조건적인 사랑입니다.**

아가페를 가리켜 '인간에 대한 신의 사랑'이라고 합니다. 예수님이 남긴 말씀 중에 '오른뺨을 때리거든 왼뺨도 돌려 대라'라는 말이 있습니다. 어떤 경우에도 상대를 용서하고, 자신을 희생해 상대를 배려하는 '신의 사랑'이 잘 나타난 말입니다.

아가페는 신의 사랑이므로 사람이 '오늘부터 누구에게나 조건 없는 사랑을 베풀자'라는 아가페를 실천하기는 어렵습니다. 그러나 모르는 사람을 위해 모금이나 봉사에 참여하고 작은 친절을 베풀 수는 있을 것입니다. 작게나마 서로가 조건 없는 사랑을 주고받는다면 다툼이 적고 행복한 사회가 찾아올지 모릅니다.

 예수의 생애가 담겨 있는 <신약 성경>에 따르면, 예수는 인간의 죄를 대신해 스스로 십자가에 매달려 처형당했어. 그리고 3일 후에 부활했지.

삶에서 중요한 것은?

아무리 친한 사이여도

평화로운 삶에서 중요한 것은 사랑과 예의다.

경의와 애정

예의는 기본이지.

인간이 살면서 가장 중요하게 여겨야 할 덕목으로 **인**(仁)을 꼽은 공자는 지금으로부터 약 2,500년 전 **유교**를 창시한 중국의 사상가입니다.

'인'이라는 말에는 '자애롭다' '인자하다'라는 뜻이 있습니다. 공자의 가르침이 담긴 책 <논어>에는 **인이란, 남을 사랑하는 것**이라고 씌어 있습니다.

가장 기본적인 인에는 부모를 공경하는 **효도**와 형제간의 **우애**, 윗사람에 대한 **공손함**이 있습니다. 공자에 따르면, 인을 갖춘 사람은 자기 이익을 따지지 않고 인간으로서 해야 할 중요한 일을 스스로 떠맡는다고 합니다.

공자가 인만큼 중요하게 여긴 것이 **예**(禮)입니다. **예의는 인을 태도나 행동으로 옮기는 것으로 인간이 지켜야 할 사회 규범**입니다. 예를 들어 여러분은 아침에 학교에 가면 친구와 인사를 나누지요? 어쩌면 처음에는 의무감에서 인사를 건넸을지 모릅니다. 하지만 날마다 인사를 나누다 보면 서로 친해져서 편한 사이가 되고 상대를 존중하는 마음이 길러집니다. 유교에서는 예의를 실천하는 일을 **극기복례**(자기 욕심을 누르고 예의범절을 따르는 것)라고 합니다.

 공자는 평화로운 나라를 만들기 위한 학문으로 유교의 가르침을 널리 알렸대.

아무것도 안 하는 게 제일인가?

유연한  태도로

'물'처럼 살아야 한다.

노자는 공자와 같은 시대를 살았던 중국의 사상가입니다. 그런데 두 사람의 가르침은 전혀 다릅니다. 노자는 **무위자연**을 주장했습니다.

'무위'는 아무것도 하지 않는 것을 말하고 '자연'은 있는 그대로의 것, 세상의 법칙에 따르는 것입니다. 따라서 무위자연은 **자신의 지식이나 욕구에 얽매이지 않고 자연 그대로 사는 것이 가장 좋다**는 개념입니다. 노자에 따르면, 인간은 본래 자신의 일부이기도 했던 자연에 따라 살아야 합니다.

노자는 '**최고의 선은 물과 같다**'고 말했습니다. '가장 좋은 것은 물처럼 사는 삶'이라는 의미입니다. 물은 모든 생물에게 꼭 필요합니다. 또한 물은 높은 곳에서 낮은 곳으로 자연스럽게 흐르고, 그릇에 따라 모양을 바꿔 존재감을 강하게 드러내지 않습니다. 노자는 이런 물의 자세에서 삶의 교훈을 얻을 수 있다고 생각했습니다.

우리는 인간관계에서 생기는 사소한 일로 고민합니다. 하지만 물처럼 있는 그대로, 흘러가는 대로 거스르지 않고 산다면 고민이 사라질지 모릅니다.

 노자에 대해서는 밝혀지지 않은 사실이 많아서 실제 존재하지 않았다는 설도 있대.

논의하며 진보한다

용어 변증법

인물 게오르크 빌헬름 프리드리히 헤겔

어떤 문제에 대해 토론하거나 논의할 때면 찬성하는 사람도 있고 반대하는 사람도 있습니다. 애써 꺼낸 자신의 의견이 찬성을 얻으면 좋겠지만 부정당하면 조금 슬플지도 모릅니다.

그런데 이런 과정이 얼마나 중요한지 보여 준 철학자가 있습니다. 독일의 철학자 헤겔은 어떤 생각(**테제**)과 그 반대 생각(**안티테제**)을 합하면 더 좋은 생각(**진테제**)이 탄생한다고 말했습니다. 이것을 **아우프헤벤**(**지양**)이라고 합니다.

헤겔은 아우프헤벤을 거듭하다 보면 언젠가 최고의 지식인 **절대지**를 손에 넣을 수 있다고 믿었습니다. 지식의 최고 단계인 **절대지에 이르기까지 거듭되는 철학적 사고를 변증법**이라고 합니다.

헤겔에 따르면, 인간의 역사는 인간이 자유롭게 살 때까지 거듭되는 변증법의 과정입니다. 인간은 무슨 일이 일어날 때마다 그에 반대해 새로운 것을 만들어 내는 존재입니다. 그런 관점에서 보면 진보하는 데 논의가 중요하다는 것을 쉽게 알 수 있습니다.

 아우프헤벤이라는 개념은 소설에도 쓰인대. 어려움에 부닥친 주인공이 쓰러졌다가 다시 일어나 성장하는 이야기는 그야말로 아우프헤벤이지.

초인이란 어떤 사람인가?

12
제 2 장
나답게 사는 방법을 생각하는 철학

날마다 반복되는  일상이 지겨워!

초인은 스스로 새로운 가치를 창조하며

자기답게 사는 사람.

34

자기만의 중심을 잡자

지루한 일상에서 벗어나 보자.

12

제 2 장

나답게 사는 방법을 생각하는 철학

용어 **초인**

인물 **프리드리히 니체**

하루하루 똑같은 생활을 하다 보면 무엇 때문에 사나 싶은 생각이 들고 일상생활이 지루하게 느껴질 수도 있습니다.

독일의 철학자 프리드리히 니체는 자신이 믿는 가치나 삶의 목적을 잃어버린 상태를 가리켜 **니힐리즘**이라고 했습니다. 그리고 인류 역사에 진보라는 것은 없고 그저 비슷한 변화가 반복될(**영원회귀**) 뿐이라고 주장했지요.

그렇지만 비슷한 일의 반복 속에서도 인생의 의미를 발견할 수 있습니다. 니체는 상식이나 가치관에 얽매이지 않고 스스로 새로운 가치를 창조하는 사람을 **초인**이라고 불렀습니다. 그리고 초인으로 살아야 한다고 주장했습니다.

초인은 아주 새로운 아이디어를 떠올려 사람들에게 이해받지 못할 때도 있습니다. 하지만 니체는 이런 아이디어가 인생에 새로운 바람을 불어넣는다고 생각했습니다. 나아가 **초인은 자기 인생의 중심을 잡고 삶을 즐기며 스스로를 사랑하는 사람입니다.** 니체의 철학에서는 자신답게 사는 것을 두려워하지 말고 남 앞에서 표현하는 일이 중요하다고 가르칩니다.

 니체는 믿는 대상이 사라진 것을 '신은 죽었다!'라고 표현했대.

모든 것이 운 때문?

제 2 장
나답게 사는 방법을 생각하는 철학

13

인생은  '운'일까?

행동의 옳고 그름에는 그때 그때 운이 큰 영향을 미친다.

책임이 있고 없고는 운으로 결정된다

나도 내 인생을 완전히 통제할 수 없어!

용어 도덕적 운

인물 버나드 윌리엄스

여기 두 사람이 있습니다. 한 명은 남의 집에 몰래 들어가 돈과 물건을 훔쳤습니다. 다른 한 명은 몰래 들어가려다 개가 짖는 바람에 도둑질을 포기했습니다. 두 사람에게는 어떤 차이가 있을까요? 법적으로 이야기하면, 첫 번째 사람은 범죄자로 처벌을 받겠지만 두 번째 사람은 아무 일도 저지르지 않았기 때문에 처벌을 받지 않을 것입니다.

그런데 행동의 옳고 그름을 따진다면 과연 두 사람에게 차이가 있을까요? 나아가 도둑질을 한 이유가 '단지 돈이 필요해서'일 경우와 '아픈 어머니에게 드릴 음식을 사기 위해서'일 경우라면 느낌이 또 다릅니다.

행동의 옳고 그름을 판단할 때 우리는 대부분 행동의 결과를 봅니다. 하지만 현실에서는 **자신이 통제할 수 없는 우연이나 그때그때의 운이 행동의 옳고 그름을 가리는 데 큰 영향을 미칩니다.** 영국의 윤리학자 버나드 윌리엄스는 이런 요소를 **도덕적 운**이라고 표현했습니다.

운을 고려하면 다른 사람을 보는 시각도 조금 달라지지 않을까요?

 어떤 일의 결과를 모두 운이 나쁜 탓으로 돌린다면 결국 책임이 있는 사람은 아무도 없겠지. 어렵네······.

인생은 변화의 연속

막상 먹어 보면 맛있을지도 몰라.

14

제 2 장

나답게 사는 방법을 생각하는 철학

용어 전환적 경험

인물 로리 앤 폴

우리는 늘 무엇인가를 결정하며 살아갑니다. 일상생활에서 하는 결정에는 '지각할지도 모르니 이제 일어나자!'와 같은 사소한 것도 있지만 '어느 학교에 갈까?' '어디에 취직할까?'와 같이 인생을 좌우하는 중요한 것도 있지요. **인간은 날마다 많은 것을 결정하고 경험합니다. 그런데 그 결정과 경험이 개인의 취향이나 가치관에 아주 뜻밖의 변화를 가져오기도 합니다.** 미국의 철학자 로리 앤 폴은 이처럼 인간을 변화시키는 경험을 가리켜 **전환적 경험**이라고 했습니다.

우리는 지금껏 겪어 보지 못한 경험을 통해 새로운 취향이나 가치에 눈을 뜰 때가 있습니다. 예를 들어 '베지마이트'라는 음식이 있습니다. 처음에는 특유의 맛 때문에 망설일지 모르지만 먹어 보면 맛있어서 자꾸 먹게 될지도 모릅니다. 한편, 취직이나 결혼을 하면서 지금까지 관심 없었던 새로운 일에 흥미를 느낀다거나, 중요하게 생각했던 일이 별로 중요하지 않게 느껴지기도 합니다. 우리는 하루하루의 결정과 경험 속에서 평생이 바뀔 수도 있습니다.

 인생에 큰 변화를 일으키는 결정이나 경험도 있지만 그렇지 않은 것도 있지.

제 3 장

자신의 관점과 사고방식을 바꾸는 철학

지혜로운 사람이란?

나한테는 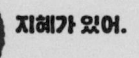 지혜가 있어.

내가 사랑이 뭔지 알려 줄게.

정말로
지혜로운 사람은
자신이

아무것도
모른다는
사실을
알고 있다.

안다고 착각하는 것은 부끄럽다

아는 줄 알았는데   너무 자만했어.

제3장 자신의 관점과 사고방식을 바꾸는 철학

용어 무지의 지

인물 소크라테스

어느 날, 소크라테스의 친구가 신의 말씀을 전하는 무녀에게 물었습니다.
"소크라테스보다 지혜로운 사람이 있나요?"
그러자 무녀는 이렇게 대답했다고 합니다.
"소크라테스보다 지혜로운 사람은 없어요."

이 이야기를 친구로부터 전해 들은 소크라테스는 온 마을의 지혜로운 사람을 상대로 사랑이 무엇이고 정의가 무엇인지 말싸움을 벌여 자기보다 지혜로운 사람을 찾으려고 했습니다.

그 결과 소크라테스는 지혜롭다고 알려진 사람은 모두 사랑이나 정의가 무엇인지 안다고 착각에 빠져 있을 뿐 실제로는 아무것도 모른다는 사실을 깨달았습니다. 그리고 **자신은 아무것도 모른다는 사실을 알고 있으므로 진실을 겸손게 탐구할 수 있다고 생각했습니다**. 이것이 무지의 지(무지의 자각)입니다.

소크라테스는 청년들에게 나쁜 영향을 끼쳤다는 이유로 재판에 넘겨져 사형 선고를 받고 목숨을 잃었습니다.

 친구가 감옥에 갇힌 소크라테스에게 달아나라고 했지만 소크라테스는 '악법도 법'이라며 판결을 받아들였대.

16 | 제3장 자관사방법 신점식 의과고를바꾸는학

고통 없이 살기 위해서는?

나도 모르게 욕심을  내서 실패한다니까.

번뇌를 버리면 고통에서 벗어난다.

번뇌: 마음이나 몸을 괴롭히는 노여움이나 욕망.

44

고통은 욕망에서 시작된다

번뇌의 수는 한 명당 108가지…

고대 인도에 '**삶은 고통이다.**'라고 말한 사람이 있었습니다. 불교를 창시한 싯다르타(석가모니)입니다. 작은 나라의 왕자였던 싯다르타는 아무 부족함 없이 자랐습니다.

그러나 성인이 되어 인간이 늙고 병들고 죽는 고통에 시달린다는 사실을 알고는 고통에서 벗어나는 방법을 찾기 위해 수행을 시작했습니다.

몸과 마음이 쇠약해진 싯다르타는 수행을 그만두고 건강을 되찾은 후 보리수나무 아래에서 명상에 잠겼습니다. 그리고 흔들림 없는 진정한 깨달음의 경지에 이르렀습니다. 싯다르타는 **마음을 홀리고 어지럽히는 번뇌를 끊지 못하면 고통에서 벗어날 수 없다**고 주장했습니다. 또 **세상 모든 사물은 늘 변해 한결같지 않으므로**(제행무상) 평온한 마음으로 살기 위해서는 깨달음을 얻어야 한다고 가르쳤습니다.

욕망을 버리기는 힘들지만 자신이 욕망에 얽매여 있지 않은지, 그 욕망이 정말 자신에게 필요한지 생각해 보면 조금은 번뇌를 덜 수 있을지 모릅니다.

 지금 남아 있는 싯다르타(부처님)의 말씀은 제자들이 입에서 입으로 전하거나 글로 남긴 것들이래.

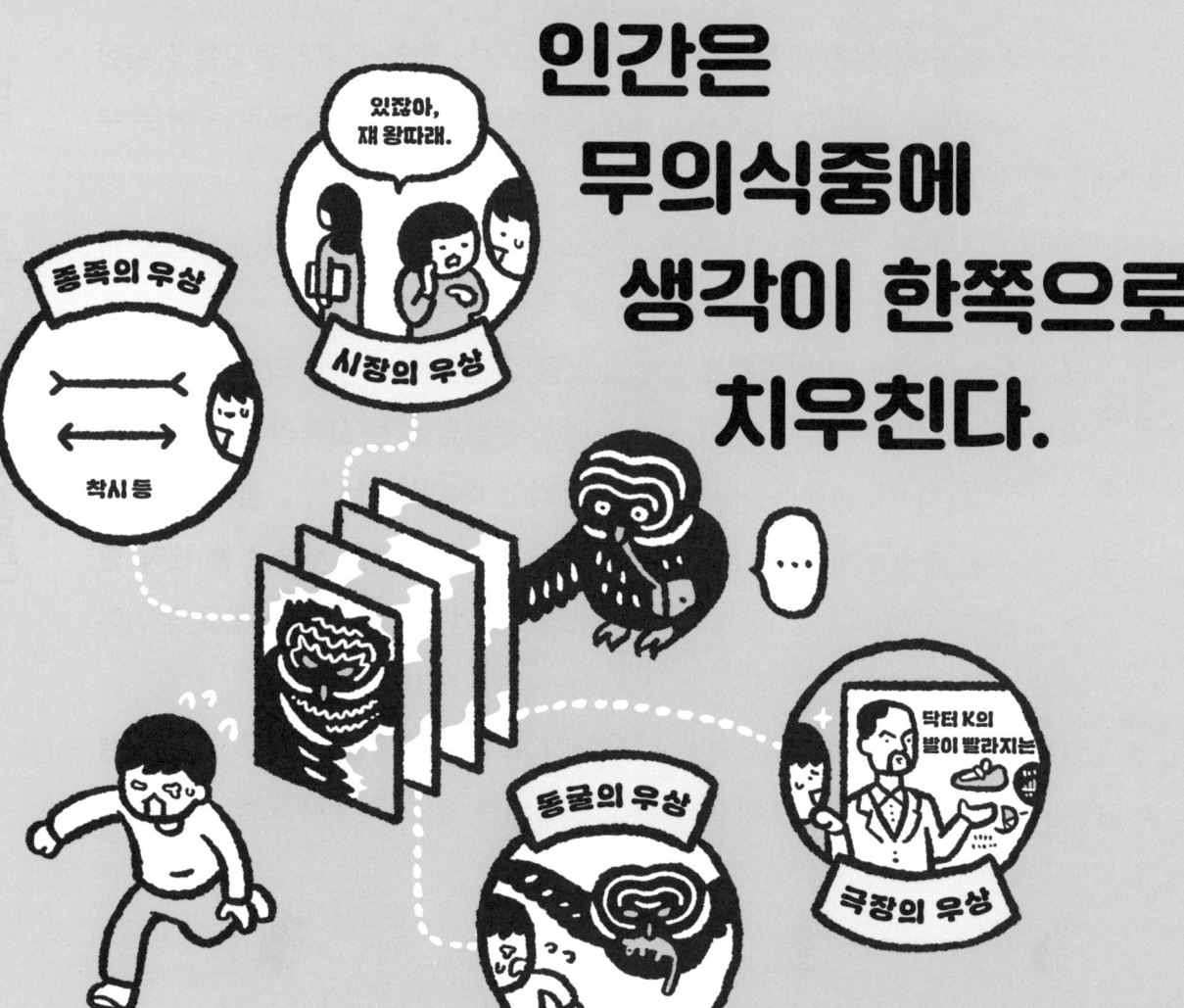

빠지기 쉬운 선입관

하지만 나도 모르게 사로잡힌다면…

제대로 안다고 굳게 믿고 있었는데 사실은 잘못 알고 있었던 경험이 있나요? 우리는 무심코 자신에게 유리한 정보만 모아 편견이나 선입관에 사로잡히고 맙니다. 영국의 철학자 프랜시스 베이컨은 그런 편견이나 선입관, 고정 관념을 우상(이돌라)이라고 불렀습니다. 이때 우상이란 '환영'이라는 의미가 담긴 말로, **인간이 무의식중에 어떤 생각에 빠지거나 사로잡히는 상태**를 뜻합니다. 베이컨은 우상의 종류를 네 가지로 꼽았습니다.

종족의 우상은 인간이 선천적으로 지닌 감각에서 비롯된 편견, 동굴의 우상은 나고 자란 환경이나 경험에서 비롯된 편견, 시장의 우상은 대화나 소문에서 비롯된 편견이고, 극장의 우상은 유명하거나 권위 있는 사람의 말을 무조건 믿는 데서 비롯된 편견입니다.

편견이나 선입관에 사로잡히면 쉽게 헤어날 수 없습니다. 자신의 생각이 한쪽으로 치우쳐 있음을 깨닫고 싶다면 믿을 수 있는 사람과 이야기를 나누고, 때로는 듣기 싫은 충고도 받아들이는 것이 좋습니다.

제 3 장 자신의 관점과 사고방식을 바꾸는 철학

용어: 우상
인물: 프랜시스 베이컨

 베이컨은 편견이나 선입관을 줄이기 위해 실험을 통해 진리를 탐구했어. 그래서 과학에 큰 영향을 끼쳤대.

세계에 대해 모두 다 안다고?

지구는 둥근데 둥글게 보일 뿐?

'인간이 아는 세계'와 '세계 그 자체'는 같지 않다.

세계 그 자체는 알 수 없다

알 수 있는 것은 모두 현상

우리는 이 세계에 대해 무엇을 알 수 있을까요? 독일의 철학자 임마누엘 칸트는 인간의 지각과 인식, 그리고 그 한계를 연구했습니다.

칸트는 '신은 존재하는가' '죽은 후 영혼이 남는가' 등 인간의 경험으로 알 수 없는 문제를 다루는 철학을 **비판**했습니다. '신'이나 '영혼'은 흔히 쓰는 말이라서 눈으로 본 적이 없는데도 마치 존재하는 것처럼 느낍니다. 칸트는 이런 생각에 반대하여 **인간이 알 수 있는 범위 안에서 진리를 찾으려고 했습니다.**

칸트는 우리가 사는 세계도 우리가 인식한 모습(**현상**)에 지나지 않으며 원래 그대로의 모습(**물자체**)은 알 수 없다고 말했습니다. 우리는 세계 그 자체를 파악할 수 없으며 우리에게 나타나는(보이고, 들리고, 맡아지고, 만져지고, 느껴지는) 모습대로만 파악할 수 있습니다.

우리는 자칫하면 자신이 아는 세계가 다라고 믿기 쉽습니다. 하지만 우리가 알 수 있는 것은 인간으로서 보고 느낄 수 있는 범위를 벗어나지 못합니다.

 철학에서 '비판'이라는 단어는 잘못을 지적한다는 뜻이 아니라 무언가를 근본부터 다시 생각한다는 뜻으로 쓰인대.

존재한다는 것은?

나는 존재해!

언젠가 죽는다는 사실을 진지하게 받아들이면 자신이 더없이 소중하다는 걸 알 수 있다.

자신의 죽음과 마주한다

내가 꿈을 꾸는 것인가…

독일의 철학자 마르틴 하이데거가 활약한 20세기 초반에서 중반은 큰 전쟁 때문에 많은 사람이 목숨을 잃어 종교의 힘이 약해진 시대였습니다. 사람들은 미래에 대한 희망을 잃고 자신의 존재 의미까지 잃었습니다.

이런 시대에 등장한 것이 '내 존재의 의미'를 생각하는 실존주의라는 개념입니다. 하이데거는 인간이란 시간이 흐르는 세계에 사는 존재(세계-내-존재)이므로 '언젠가는 나도 죽는다'라는 미래를 받아들여야 나다운 삶을 살 수 있다고 말했습니다. 또한 인간은 죽음을 향해 가는 존재이므로 **자신의 죽음과 진지하게 마주해야 유한한 인생을 뜻대로 살 수 있다**고 주장했습니다.

우리는 언젠가 죽는다는 사실을 알고 있습니다. 하지만 너무 먼 미래의 일이라 자신과는 상관없는 일로 여기는 사람도 있지요.

하이데거는 생명에 끝이 있음을 잊은 상태를 가리켜 마치 도구처럼 살아간다는 의미로 세인(세상 사람)이라고 불렀습니다. 자신의 죽음을 똑바로 마주해야만 스스로 삶을 잘 이해하고 살 수 있답니다.

 하이데거는 사람들이 자기 자신의 삶을 잃은 시대를 가리켜 '존재 망각의 역사'라고 했대.

인간의 본질이란 무엇인가?

인간은 자신의 본질을 스스로 만든다.

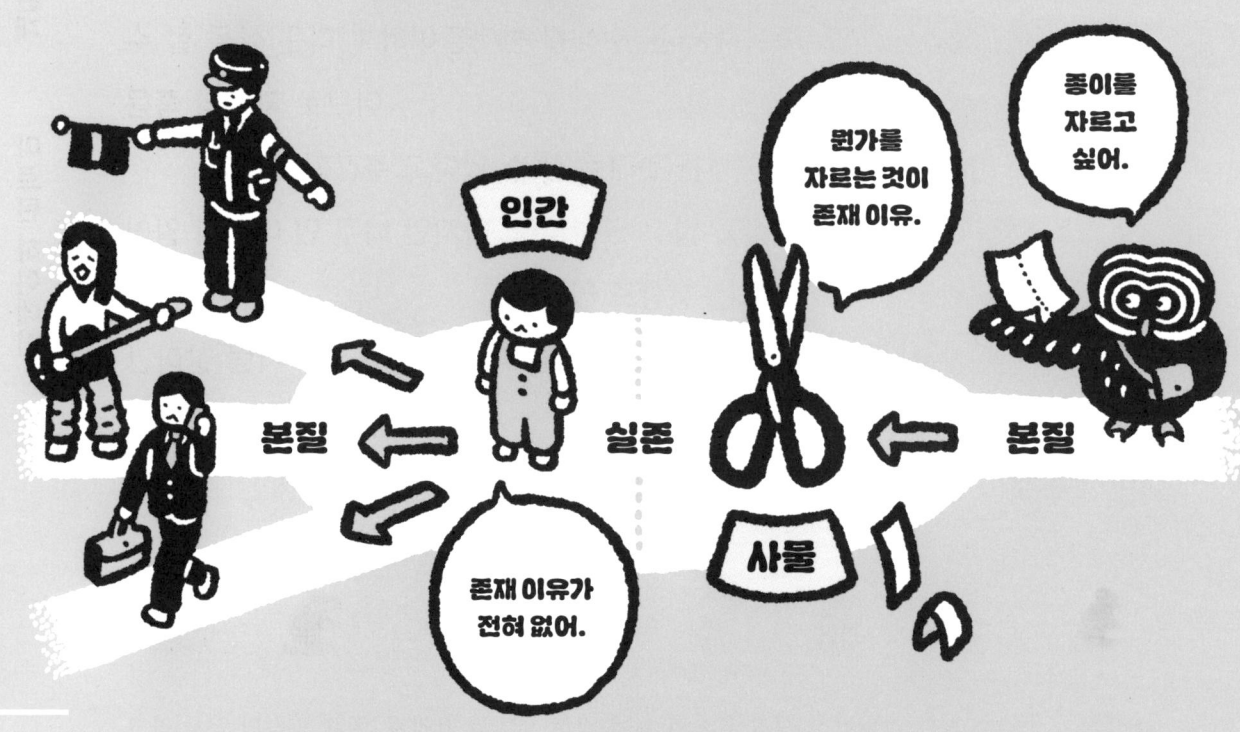

삶을 자유롭게 선택할 수 있다

처음에는 모두   아무것도 아니야.

실존이란 '내가 지금 현실에 존재하는 것'을 말합니다. 프랑스의 철학자 장 폴 사르트르에 따르면, 인간은 정해진 목적을 위해 존재하는 것이 아닙니다. 일단 존재하고 그 후에 목적이 생깁니다. 이 개념을 사르트르는 '실존은 본질에 우선한다'라는 말로 표현했습니다. **인간은 백지와 같은 상태로 태어나지만 살면서 자신이 존재하는 이유(본질)를 만들어 나갑니다.**

예를 들어 의자에는 처음부터 앉기 위한 물건이라는 목적이 있었고 그에 따라 만들어집니다. 이런 것은 **즉자존재**로 불립니다. 반대로 인간의 삶은 목적이 미리 정해져 있지 않습니다. 그래서 기술자가 되든 정치가가 되든 자신의 삶을 자유롭게 선택할 수 있습니다. 이처럼 스스로의 본질을 만들어 나가는 것을 사르트르는 **대자존재**라고 불렀습니다. 사르트르가 생각하기에 **인간은 본질적으로 자유로운 존재**입니다. 그런 이유에서 '인간은 자유를 선고받았다'라는 말도 남겼습니다. 인간에게는 무한한 가능성이 있지만 그 자유에는 불안이 따르고 미래를 선택할 책임도 주어집니다.

 사르트르는 문학에도 재능이 있어서 1964년 노벨 문학상 수상자로 뽑혔지만 수상을 거부했대. 노벨상을 거부한 최초의 사람이지.

성별마다 정해진 역할이 있다?

하고 싶은 일을 포기할 수밖에 없었어.

남성 중심 사회에서 집안일과 육아는 여성의 일이 되어 갔다.

'여자'는 만들어졌다

앞으로 해결해야 할  숙제이기도 해.

요즘에는 여성의 활동 범위가 넓어짐에 따라 여성이 활약하는 사회에 대한 기대가 높아지고 있습니다. 그 계기를 만든 사람이 프랑스의 철학자 시몬 드 보부아르입니다. 그녀는 사르트르의 연인이었습니다.

사르트르가 '인간은 삶을 자유롭게 선택할 수 있다'고 말하자 보부아르는 그 '인간'의 범주에는 남성만이 포함된다고 비판했습니다. 그리고 **여성에게는 집안일과 육아 같은 역할만 주어진다**고 주장했습니다. '인간은 여자로 태어나는 것이 아니라 여자가 되는 것이다'라는 유명한 말을 남겼지요.

보부아르에 따르면, 자식을 사랑하는 '어머니', 집안일과 육아를 하며 남성을 뒷바라지하는 '아내'의 모습은 남성이 멋대로 만든 것입니다. 이처럼 한쪽으로 치우친 이미지 때문에 여성은 학업과 업무, 일상생활 등에서 하고 싶은 일이나 자유로운 선택을 방해받아 왔습니다. 여성도 남성과 동등한 입장에서 자유롭게 살아야 한다는 보부아르의 주장은 훗날 전 세계에 퍼진 페미니즘 운동의 시작점이 되었답니다.

 보부아르와 사르트르는 특이하게도 다른 사람과의 연애도 허용하는 '계약 결혼'을 했대. 어쩌면 서로의 자유를 존중한 것인지도 몰라.

타자를 어떻게 대할 것인가?

남들이 보고 있으면

똑바로 행동해야 할 것 같아.

타자는 완전히 이해할 수 없으며 저마다의 '얼굴'을 가진 개성적인 존재다.

'얼굴'이 말을 건넨다

나에겐 네가,  너에겐 내가 필요해.

용어 얼굴

인물 에마뉘엘 레비나스

어린아이가 찻길로 뛰어들려고 한다면 여러분은 아이를 막으려고 무심결에 뛰어들 것입니다. 또한 눈앞에서 다른 사람이 고통받고 있으면 가까이 다가가 함께 공감을 나눌 것입니다.

프랑스의 철학자 에마뉘엘 레비나스는 인간이 이렇게 반응하는 이유를 **타자**(나 이외의 다른 사람)의 '얼굴'에 주목해 설명했습니다. 타자는 나와 마찬가지로 다치고 상처 입는 존재입니다. 그러나 한편으로는 내 경험에 비추어 이해하려 해도 완전히 이해할 수 없는 특별한 존재이기도 합니다.

레비나스에 따르면, 타자의 얼굴을 보는 순간 나와 타자 사이에는 저절로 관계가 맺어지고, 이후 나는 어떤 식으로든 그 존재에 응답하게 됩니다.

레비나스가 생각하기에 인간은 타자와의 관계 속에서 살 수밖에 없고, 일단 관계를 맺으면 **책임**이 생깁니다. **타자의 얼굴은 우리에게 인간의 고유함을 받아들이고 응답하도록 요구합니다.** 우리는 타자를 이해하고 있다는 자만에 빠지지 말고 늘 겸손한 마음으로 마주해야 합니다.

 레비나스의 가족은 인종 차별 때문에 살해당했대. 그런 경험이 레비나스를 타자는 고유한 존재라는 철학으로 이끌었는지도 몰라.

서로 돕는 것은 중요한가?

아무도 혼자서는  살 수 없으니까

돌봄은 어려운 상황에 놓인 사람을 도와주는 것.

돌봄이라는 도덕관

지켜 주고 싶어!

여러분은 돌봄이라는 말을 들어 본 적이 있나요? 미국의 심리학자 캐럴 길리건은 올바른 행동을 강조하는 '정의 윤리'에 대응하는 개념으로 어려움에 놓인 사람의 기대와 필요에 부응하는 '돌봄(배려) 윤리'를 주장했습니다.

돌봄이란, 어려운 상황에 놓이거나 고민에 빠진 사람에게 다가가 도움을 주는 것입니다. 길리건에 따르면, 돌봄은 정의와 다른 방법으로 도덕을 추구하는 '또 다른 목소리'입니다.

우리 모두는 어린아이였고 언젠가는 노인이 됩니다. 또 언제든지 다치거나 아플 수 있으며 그럴 때는 누군가에게 의지해야 합니다. 우리는 나약하고 상처받기 쉽기 때문에 누군가의 돌봄이 필요합니다.

요즘은 가정이나 학교, 직장 등 다양한 장소에서 돌봄을 필요로 하는 시대입니다. 따라서 나약하고 상처받기 쉬운 사람을 돕는 사회가 중요해지고 있습니다. 이런 사회에서는 모두가 서로의 뒷받침이 돼 주어야 합니다.

 돌봄은 양육이나 의료, 간호, 간병 분야에서 중요하게 다루어지는 개념이래. 살다 보면 누구나 겪는 일이지.

제 4 장

우리 사회를 생각하는 철학

국가는 무엇 때문에 있나?

국가가 없는 세상을  상상해 봐.

국가가 없으면 사람들은 자신의 욕구를 채우기 위해 싸운다.

국가

자연 상태

인간은 원래 이기적인가?

모두를 이끌 지도자가 필요해.

형제나 친구와 간식을 놓고 다투게 되었을 때 어떻게 해결하면 좋을까요? 가위바위보로 정하자는 사람도 있겠지만 빼앗으려는 사람도 있겠지요.

살다 보면 갖고 싶어도 가질 수 없는 상황이 자주 생깁니다. 영국의 철학자 토머스 홉스는 사람들이 싸움이나 전쟁을 일으키지 않고 서로 신뢰하며 함께 살아가기 위해 어떻게 하면 좋을지 고민했습니다. 그리하여 모두가 받아들일 수 있는 규범을 갖춘 국가가 필요하다는 결론을 내렸습니다.

홉스는 먼저 사회 규범이 전혀 없는 상태(**자연 상태**)를 상상했습니다. 그곳에서는 모두 자신만을 중요하게 생각합니다. **갖고 싶은 물건이나 권리를 남에게 양보하지 않고 고집을 부려 만인에 대한 만인의 투쟁**이 일어납니다.

홉스는 이 상태를 막으려면 사람들의 다툼을 중재하는 국가라는 장치가 필요하다고 생각했습니다. 국가나 왕이 갖가지 법을 만들고 그것을 어긴 사람에게 벌을 주면 됩니다. 홉스는 이런 장치를 갖추어 인간이 싸움이나 전쟁을 벌이지 않고 서로 신뢰를 쌓아 나가는 과정을 자세하게 설명했습니다.

 홉스는 국가나 왕이 가진 힘을 '리바이어던'이라고 했대. <구약 성경>에 나오는 바다 괴물의 이름에서 따온 말이야.

인간은 원래 가만히 두면 싸움만 한다고 생각한 홉스와 달리 장 자크 루소는 **인간은 원래 서로를 사랑한다고 생각했습니다. 그래서 어려움을 겪는 사람이 있으면 자연스럽게 도움의 손길을 내민다고 주장**했지요.

루소가 살았던 시대에는 과학과 문명, 문화의 진보로 생활이 편리해져 이전까지의 농업 중심 공동생활이 급격한 변화를 맞이했습니다. 그런 사회에서 사람들은 자신의 신분이나 계급, 유복함 등을 남과 비교하며 자기보다 잘사는 사람을 질투하고 원망하게 되었습니다. 몇몇 사람이 권력을 차지했고 가난한 사람과 부유한 사람의 차이도 점점 벌어졌습니다.

루소에 따르면, 그럴 때 경쟁을 멈추고 공통의 선과 이익(**일반의지**)을 파악하는 일이 중요합니다. 토론으로 모두에게 필요한 것을 정하는 사회를 만들어야 합니다. 루소는 다수결로 정하거나 한 명의 권력자에게 결정을 맡기지 않고 개개인의 의견을 존중하는 사회를 이상으로 삼았습니다. 이런 생각은 인권을 보장하는 시민사회로 발돋움하기 위한 프랑스 혁명으로 이어졌답니다.

 칸트는 루소의 책을 읽고 무척 감동해서 인간을 사랑하는 법을 깨우쳤대.

계급 투쟁이란 무엇인가?

격차는 평생 좁힐 수 없나…?

돈을 가진 사람과
그 밑에서 일하는
노동자 사이의
격차 때문에
싸움이 벌어진다.

격차는 계속 벌어진다

부당한 대우를 받았을 때는 목소리를 내야 해.

자본주의란, 누구나 자유롭게 회사를 세우거나 장사를 해서 돈을 벌 수 있는 사회 체제를 말합니다. 한국뿐만 아니라 일본, 미국 등 많은 나라가 자본주의를 받아들였습니다. 그런데 자본주의 사회에서는 사업에 성공한 일부 부자와 그들에게 고용된 직원, 그리고 가난한 사람들 사이에 격차가 생깁니다.

독일의 경제학자 카를 마르크스는 **자본주의 사회에서는 부를 가진 자본가(부르주아)와 부당한 노동에 시달리는 노동자(프롤레타리아)가 언젠가 싸우기 시작해 혁명이 일어날 것이라고** 내다봤습니다. 예를 들어 회사를 경영하는 사장은 직원에게 임금을 적게 주며 일을 많이 시키려고 할 것입니다. 회사의 이익만 중요하게 여기면 직원은 돈과 시간, 삶의 보람을 빼앗기게 됩니다. 이런 상황에서 노동자가 자신의 노동에 걸맞은 대가를 받고 노동 강도와 시간을 줄이기 위해 나서면 평등한 사회가 이루어진다는 것이 마르크스의 논리입니다.

마르크스는 혁명을 일으켜 모든 사람이 토지, 주택, 에너지 같은 재산을 나누어 가지고 함께 관리하는 **공산주의** 사회로 나아갈 것을 주장했습니다.

 현재 공산주의 체제인 나라로는 중국과 쿠바, 베트남 등이 있어.

행복은 늘 옳은 걸까?

가능하면 모두  행복한 게 좋아.

다수의 행복을 위한   소수의 희생이 옳은가?

행복은 많이 누릴수록 좋다

하지만 세상 모든 사람들이 행복해지는 방법은 없을지도 몰라.

제4장 우리 사회를 생각하는 철학

용어 최대 다수의 최대 행복

인물 제러미 벤담, 존 스튜어트 밀

여러분은 언제 행복하다고 느끼나요? 맛있는 것을 먹을 때, 좋아하는 만화나 애니메이션을 볼 때, 친구나 가족과 평화로운 시간을 보낼 때 등 사람에 따라 **행복**을 느끼는 기준과 정도는 다릅니다.

영국의 철학자 제러미 벤담은 인간을 '편안함을 추구하고 고통을 피하는 존재'로 여겨 **쾌락을 '행복', 고통을 '불행'이라고 정의했습니다. 그리고 가능하면 많은 사람이 많은 쾌락(=행복)을 누리는 것이 옳다**고 주장했습니다(**최대 다수의 최대 행복**). 이런 생각을 **공리주의**라고 합니다. 공리주의는 자신뿐만 아니라 다양한 사람의 행복까지 공평하게 고려해서 행동해야 한다고 말합니다.

한편, 벤담의 제자 존 스튜어트 밀은 **인간의 쾌락은 양뿐만 아니라 질도 중요하다**고 생각했습니다. 맛있는 것을 먹고 쾌락을 느끼는 것은 동물이나 인간이나 마찬가지지만, 인간은 더욱 질 좋은 쾌락을 느낄 수도 있다는 뜻입니다. 그와 관련해 밀은 '**만족한 돼지보다는 불만족한 인간이 되는 것이 낫고, 만족한 바보보다는 불만족한 소크라테스가 되는 것이 낫다.**'라는 유명한 말을 남겼습니다.

 무엇을 질 좋은 행복이라고 생각하는지는 사람에 따라 다르겠지. 배불리 먹는 행복과 예쁜 그림을 보고 감동하는 행복을 비교할 수 있을까?

감시와 관리는 중요한가?

제4장 우리 사회를 생각하는 철학 — 28

새장 안에  갇힌 새…

우리는 모르는 사이에 감시당하고 관리받는다.

사회는 감옥과도 같은 것

편하기는 한데  얽매여 있어.

제 4 장 우리 사회를 생각하는 철학

자기 방에 있는데 부모님이 몰래 다른 방에서 지켜보고 있다면 정말 기분 나쁘겠지요.

프랑스의 철학자 미셸 푸코는 **인간의 생활이나 생명이 사실은 다양한 곳에서 자신도 모르는 사이에 권력자로부터 감시와 관리를 당한다고** 주장했습니다. 사람들의 삶에 대한 이러한 권력을 **생명 권력**이라고 합니다. 생명 권력은 군대, 공장, 학교, 감옥 등에서 사람들을 규칙에 순순히 따르도록 만드는 한편, 건강 진단으로 몸 상태를 체크하거나 전염병과 바이러스를 발견하고, 인구 통계 조사로 인구 수를 관리해 사람들의 생명을 조정합니다.

인간은 생명 권력을 통해 사회의 기준과 상식을 파악하고 자신도 모르는 사이에 그것에 익숙해집니다. 생명 권력에 길들여지면 기준과 상식에서 벗어난 사람을 보았을 때 차별 의식을 느끼고 따돌릴 위험이 있습니다. 생명 권력은 우리가 사회에서 원만하게 지내도록 도와주고 기준과 상식을 의심하기 어렵게 만듭니다.

용어 | 생명 권력

인물 | 미셸 푸코

 요즘은 곳곳에 감시 카메라가 있어서 무슨 일이 생겼을 때 안심이 되기는 하지만, 평소 내 행동까지 감시당하는 것 같아서 마음이 불편해.

개성을 기르기 위해서는?

자신의 개성을  인정하자.

다른 사람과의  관계 속에서

인간

더 나은 사람이 되어 간다.

사람과 사람 사이에서

친구의 개성도 인정하자.

일본의 윤리학자이자 철학자인 와쓰지 데쓰로는 '인간(人間)'이라는 말에 한 명의 '사람(人)'과 사람과 사람 '사이(間)'를 나타내는 '사회'라는 의미가 담겨 있다고 생각했습니다. **인간은 사회에서 고립된 존재가 아니라 사람과 사람의 관계 속에서 사는 존재**라고 주장했지요. 간단히 말해서 인간은 **관계적 존재**입니다.

인간은 사회 속에서 개성을 표현하며 개인이 됩니다. 한편, 사회는 타자가 있어 성립하지만 때때로 개인의 엇나간 행동을 억누르기도 합니다. 와쓰지가 생각하기에 **인간은 개인인 동시에 사회의 일부인 존재**입니다. 그러므로 개인은 타자의 시선과 행동을 통해서 스스로 행동을 바로잡습니다.

와쓰지의 사상은 개성 있는 사람이 되기 위해 사회에서 자신을 확실히 표현하는 것이 중요하다고 가르칩니다. 그와 동시에 자기 자신은 사회 안에서 타자와 이어져야 존재할 수 있으므로 어떻게 하면 개성을 표현할 수 있을지 고민할 계기를 만들어 줍니다.

| 용어 | 관계적 존재 |
| 인물 | 와쓰지 데쓰로 |

제4장 우리 사회를 생각하는 철학

29

 일본에도 유명한 철학자가 많아. 니시다 기타로와 스즈키 다이세쓰는 세계적으로 널리 알려진 철학자래.

전체주의란 무엇일까?

그게 정말 내 의견일까?

권력을 이용해 무리에서 따돌리고 내쫓는 나쁜 사상이 있다.

전체주의는 인간의 판단력과 감정을 빼앗는다

혹시 조종당하고 있는 걸까…?

용어 전체주의

인물 한나 아렌트

자신의 의견을 주변 사람들과 맞춘 적이 있나요? 모두에게 맞추어 마음이 편안해진 경우도 있겠지요. 독일의 철학자 한나 아렌트는 권력을 쥔 사람이 **인종이나 민족 단위로 국가를 만들면 다른 인종이나 민족을 차별하고 배제하는 사회가 탄생하기 쉽다**고 생각했습니다. 이런 사회의 경우, 처음에는 다른 인종이나 민족을 감싸던 사람들도 점점 올바른 판단력과 감정을 잃게 됩니다. 아렌트는 이것을 **전체주의**라고 불렀습니다. 그리고 이 사상이 제2차 세계대전 때 나치가 유대인을 학살한 배경이 되었다고 주장했습니다.

전체주의는 결코 과거의 일이 아닙니다. 평소에는 선한 사람이라도 몇몇 권력자에 의해 큰 집단으로 묶이면 스스로 판단할 힘을 잃고 모두의 의견에 휩쓸릴 수 있습니다. 지금 여러분이 다수 집단에 속해 있다고 해도 한쪽에서는 소수 집단이 고통받고 있을지 모른다고 생각할 수 있어야 합니다. 그런 사람이 늘어난다면 여러분이 소수 집단에 속했을 때도 누군가가 도움의 손길을 내밀거나 뭔가 잘못되었다고 용감하게 목소리를 내 줄 것입니다.

 아렌트도 유대인이라는 이유로 독일에서 미국으로 망명할 수밖에 없었대.

공정한 사회란?

31

제 4 장 우리 사회를 생각하는 철학

나는 먹을 것도 없고  집도 없고 돈도 없고…

어떤 상황에 놓여 있는 사람이든 사람답게 살 수 있어야 공정한 사회.

무지의 베일

무지의 베일로 공정하게

억울하지 않은 사회를 만들자!

용어 공정

인물 존 롤스

'**공**정한 사회'라는 말을 들으면 어떤 사회가 떠오르나요? 개개인의 능력이 제대로 평가받는 사회인가요? 아니면 약한 사람을 보듬는 사회인가요?

미국의 철학자 존 롤스는 인권과 자유, 평등이 보장될 뿐만 아니라 **사회에서 가장 불우한 사람들이 인간답게 살 수 있는 사회가 공정한 사회**라고 생각했습니다. 롤스는 자신이 어떤 능력과 성격을 지녔으며 어떤 가정과 사회에서 사는지 모르는 상태, 즉 **무지의 베일**을 쓴 상태에서 이상적인 사회를 고민해야 한다고 주장했습니다. 이 책을 읽는 여러분은 큰 부자일지도 모르고 가난할지도 모릅니다. 또는 부모님이 자식을 제대로 돌보지 않거나 학원이나 학교에 다닐 수 없는 어려운 가정에서 자랐을 수도 있습니다.

무지의 베일을 써서 자신의 상황을 알 수 없다면 인간은 자신을 가장 불우한 사람으로 상상하고 공정한 사회를 선택할 것입니다. 롤스는 운이 없어서 불우한 처지에 놓인 사람들이 인간답게 살 수 있는 사회를 만드는 것이 중요하다고 생각했습니다.

 법을 상징해 법원 앞에 많이 세워지는 정의의 여신 테미스 조각상은 눈가리개를 하고 있어. 눈가리개는 공정한 판단을 상징한대.

32 남에게 인정받으려면?

제 4 장
우리 사회를 생각하는 철학

사람은 누구나  인정받기를 원해.

인간은 서로 인정하고 인정받으며 연대 속에 살아간다.

인정하기, 인정받기

좀 더 많은 사람에게 인정받고 싶어!

용어 인정

인물 악셀 호네트

여러분은 남에게 인정받고 있다고 느끼나요? 독일의 철학자 악셀 호네트는 **인간으로서 남에게 인정받는 일이 얼마나 중요한지** 이야기했습니다.

호네트는 세 가지 형태의 인정에 대해 말합니다. 첫 번째는 **사랑**입니다. 부모와 자식, 친구, 연인 관계 등에서 나타나는 가장 기본적인 인정입니다. 두 번째는 **법적 권리**입니다. 같은 법을 지킴으로써 서로의 권리를 공정하게 인정해 차별이 없는 상태를 만듭니다. 세 번째는 **사회적 연대**입니다. 학교나 회사에서 능력을 발휘하면 구성원에게 인정을 받습니다.

호네트에 따르면, 인간은 다른 사람으로부터 인정받지 못한다고 느낄 때 그 상황을 바꾸기 위해 **인정을 둘러싼 투쟁**을 벌입니다. 인간은 새로운 학교나 직장에 가면 빨리 안정적으로 자리를 잡고 싶어 합니다. 이때 상호 인정이 중요합니다. 상호 인정이란, 상대가 자신과 다른 가치관과 생각을 지녔음을 서로 인정하는 것입니다. 자신을 이해해 주기만 바랄 것이 아니라 상대와 마주하고 상대를 충분히 이해하는 것도 중요하다는 것을 잊어서는 안 됩니다.

 호네트는 다른 사람에게 인정받는 것이 자아실현(되고 싶은 나가 되는 것)에도 중요하다고 생각했대.

제 5 장

새로운 시대를 살기 위한 철학

미래는 중요한가?

미래에는 과연  어떻게 될까?

아직 존재하지 않는 미래를 고민하자.

미래에 대한 책임

고민만 하지 말고  어떻게든 해 보자.

핵기술이나 유전자 변형 기술 등 인간이 만든 테크놀로지(정보 기술), 그리고 급격한 기후 변화나 인구 증가 같은 현상은 지구상의 생명체나 지구를 파괴할 위험이 있습니다. 이런 상황에서 우리의 미래에 대한 책임(미래 윤리)을 일깨운 사람이 독일 출신의 철학자 한스 요나스입니다.

요나스는 미래의 사람들을 갓난아기에 비유했습니다. 만약 갓난아기의 목숨이 우리 손에 달려 있다면 비록 자신의 아이가 아니더라도 지키려고 할 것입니다. 미래 세대에 대한 우리의 책임도 바로 이와 같습니다.

요나스는 미래에 대해 책임질 수 있는 것은 인류밖에 없다고 생각했습니다. 그리고 **인류의 존속은 미래 세대에 책임을 다하기 위한 사명**이라고 말했습니다. 만약 우리가 미래에 대한 책임을 다해 100년 후에도 인류가 살아남아 있다면, 100년 후의 세상을 사는 또 다른 사람들이 책임지고 다음 100년 후의 인류를 살릴지도 모릅니다. 이와 같이 미래 윤리는 현재를 사는 우리뿐만 아니라 아직 존재하지 않는 인간과 생물, 자연에 대해서도 고민하게 합니다.

 그런데 사실 인류가 지구를 망가뜨린 거잖아. 어쩌면 인간이 존재하지 않는 미래도 괜찮을지 몰라.

지금은 어떤 시대인가?

옛날과 지금은  무엇이 다르지?

인류의 진보에 대한 믿음은 끝났다?

근대 이후의 시대

 나는 내 삶을 즐길 뿐이야.

　포스트모던이라는 말을 들어 본 적이 있나요? **포스트모던이란, '근대(모던)'의 '이후(포스트)'라는 뜻입니다.** 이전의 세상에는 학문과 과학이 발달하고 문화와 경제가 발전해 모든 사람이 행복해지고 더 살기 좋은 사회가 될 것이라는 믿음이 있었습니다. 프랑스의 철학자 장 프랑수아 리오타르는 이것을 거대 담론이라고 했습니다.

　그러나 과학 기술의 문제점과 급격한 기후 변화가 나타나고, 인터넷의 발달과 글로벌화로 인해 때때로 가치관과 의견이 대립해 **더 이상 거대 담론을 믿을 수 없는 시대가 되었습니다.** 리오타르는 거대 담론이 신뢰를 잃은 상황이 포스트모던의 특징이라고 생각했습니다. 그리고 포스트모던 사회에서는 사람들이 다양한 문화와 가치관(작은 담론)을 인정하고 공존해야 한다고 주장했지요.

　포스트모던 시대에는 다양한 문화와 가치관이 인정받지만, 한편으로는 모두가 확신할 만한 것이 사라져 사회가 불안정합니다. 따라서 이제 포스트모던 이후의 세상에 대해 고민해야 할 때입니다.

 '포스트모던'은 원래 건축 용어였는데 리오타르가 이 말을 쓰기 시작하면서 철학 용어로 널리 퍼졌대.

새로운 것을 만드는 방법

아웃풋도 중요해!

집을 짓는다고 상상해 봅시다. 설계가 제대로 되어 살기 편안한 집이 좋겠지요. 자신의 취향을 살린 집을 원하는 사람도 많을 것입니다.

일본의 철학자 미키 기요시는 **새로운 것을 만드는 힘**을 구상력이라고 했습니다. 언뜻 보기에 인간은 아무것도 없는 상태에서 사물(형태)을 만들어 내는 것 같습니다. 하지만 미키에 따르면, 인간은 무언가를 만들 때 **사물에 작용하면서도 사물의 자극을 받아 새로운 것을 만들고자 하는 충동(파토스)을 일으킵니다.** 그 파토스가 생각하는 힘이나 이성(로고스)과 연결되어 그 사람다운 사물을 탄생시킵니다.

구상력은 사회의 문화와 문명, 역사도 만들어 냅니다. 미키는 처음에 구상력을 가진 것이 인간뿐이라고 생각했지만 머지않아 자연에도 새로운 것을 만들고 변화하는 구상력이 있다고 생각하게 되었습니다.

미키의 철학은 개성을 표현해 새로운 역사에 참여하는 즐거움을 일깨워 줍니다. 로고스와 파토스를 이용해 새 역사를 연다고 생각하면 설레지 않나요?

 미키 기요시는 전쟁 때 도망쳐 온 친구를 숨겨 주었다가 함께 체포되어 감옥 안에서 목숨을 잃었대.

36 동물에게도 권리가 있나?

제 5장 새로운 시대를 살기 위한 철학

우리는 모두 살아 있는 동료

동물도 고통을 느낀다. 인간과 마찬가지로 동물이 행복한지 불행한지도 따져 봐야 한다.

우리는 대부분 가공해서 유통되는 고기를 먹습니다. 오스트레일리아 출신의 철학자 피터 싱어는 인간이 동물을 가축으로 길러 고기를 얻거나 실험에 이용하는 것에 반대하며 **동물의 권리**를 주장했습니다.

싱어는 동물도 인간처럼 고통을 느낀다고 여겼습니다. **인간이 고통을 피하려고 하듯이 동물도 고통을 받거나 죽임을 당하면 안 된다고 생각했지요**. 그리고 고기를 먹지 않는 **채식주의자**로 살았습니다.

싱어는 '동물이니까'라며 동물을 부당하게 대하는 것을 **종 차별**이라고 생각했습니다. 인간뿐만 아니라 쾌락과 고통을 느낄 수 있는 모든 생물이 배려를 받아야 합니다. 싱어의 철학과 행동은 많은 사람에게 영향을 미쳐 그의 생각에 찬성하는 사람이 전 세계에 퍼져 있습니다.

어째서 우리는 다른 동물의 고기를 먹어도 될까? 어째서 우리는 인간으로 실험하지 않고 동물을 이용해 실험을 하는 걸까? 싱어는 우리에게 이런 질문을 던집니다.

 싱어는 '동물 해방의 아버지'로 불린대.

잠재력이란 무엇인가?

좋은 환경이 갖춰지면 능력을 쑥쑥 키울 수 있어.

잠재력을 발휘하고 기를 수 있는 환경이 중요하다.

숨겨진 힘을 발휘한다

미래를 선택할 수 있는 것도 복이라고?

제 5 장 새로운 시대를 살기 위한 철학

많은 사람이 자유롭게 자기 인생을 추구하는 것이 중요하다고 생각합니다. 하지만 세상에는 그럴 만한 상황이 되지 않는 사회도 많습니다.

인도 출신의 철학자 겸 경제학자인 아마르티아 센과 미국의 철학자 마사 누스바움은 **인생을 자유롭게 선택하고 원하는 인생을 실현하기 위해 자신에게 숨겨진 힘(잠재력, 잠재 능력)을 이끌어내는 것이 중요하다**고 생각했습니다. 이것을 잠재 가능성 접근이라고 합니다.

예를 들어 가난해서 학교에 다니지 못하는 아이가 있다면 아무리 교육받을 권리를 주고, 학교 수를 늘리고, 학습 내용의 수준을 높여도 소용없습니다. 어차피 그 아이는 학교에 다닐 수 없기 때문입니다. 경제적인 지원만으로도 부족합니다. 그 아이가 가고 싶어 하는 학교가 없다면 아무런 의미가 없지요. 이 경우에는 아이에게 알맞은 선택지를 주고 그에 맞는 환경을 갖춰 주어야 합니다.

잠재 가능성 접근은 개인의 취향과 능력, 그것을 실현하기 위한 환경 등을 고려해 그 사람에게 정말 필요한 지원이 무엇인지 생각하는 것을 말합니다.

용어 | 잠재 가능성 접근

인물 | 아마르티아 센, 마사 누스바움

 경제학자로도 이름을 널리 알린 센은 노벨 경제학상을 받았대.

차별은 왜 안 될까?

안 들리는 척하는  거 아니야?

편견이나 선입관 때문에 의견이 무시되거나 이해받지 못할 때가 있다.

서로의 경험을 인정한다

일단은  들어 보자.

영국 출신의 철학자 미란다 프리커는 **인종과 성별, 국적 등에 대한 편견이나 선입관 때문에 비주류(소수자)인 사람의 의견이 무시되거나 경험이 이해받지 못하는 것**을 인식적 부정의라고 했습니다.

인식적 부정의의 사례는 일본에도 있습니다. 예를 들어 일본에는 외국에 뿌리를 둔 사람이나 외국인 노동자가 많이 삽니다. 그들은 이따금 외국인이라는 이유로 불안정한 고용 계약을 맺고 낮은 임금을 받으며 일합니다. 때로는 집을 빌리지 못하는 일도 있지만 마땅히 어려운 사정을 말할 곳도 없습니다. 또 성소수자 중에도 일상생활에서 차별적인 시선을 받고 결혼이나 연애에서 자유롭지 못하는 등 다양한 차별을 받는 사람이 있습니다.

인식적 부정의는 개인의 문제라고도 할 수 있습니다. 프리커는 인식적 부정의를 없애기 위해서는 당연하게 여겼던 일을 반성하는 태도가 중요하다고 주장했습니다. 편견이나 선입관에서 조금이라도 자유로워지기 위해서는 다른 사람의 말에 귀를 기울이고 타자를 진심으로 대해야 합니다.

 인식적 부정의를 극복하기 위해서는 '뭔가 이상하다' '불쾌한 일을 당했다'라고 생각될 때 의견을 내놓고 문제에 반대하는 것이 중요하다.

주요 참고 도서

<이와나미 철학·사상 사전>(이와나미쇼텐)

<알기 쉬운 철학·사상>(미네르바쇼보)

<윤리학 입문>(츄오코론신샤)

<철학 용어 도감>(프레지던트샤)

<철학 용어 도감 속편>(프레지던트샤) 등

찾아보기

가능 세계 · · · · · · · · · · · · · 19	로고스 · · · · · · · · · · · · · · · · 87
거대 담론 · · · · · · · · · · · · · · 85	만물은 유전한다 · · · · · · · · · 11
계급 투쟁 · · · · · · · · · · · · · · 67	만인에 대한 만인의 투쟁 · · · · 63
공리주의 · · · · · · · · · · · · · · 69	명상 · · · · · · · · · · · · · · · · · · 45
공산주의 · · · · · · · · · · · · · · 67	무위자연 · · · · · · · · · · · · · · 31
공정 · · · · · · · · · · · · · · · · · · 77	무지의 베일 · · · · · · · · · · · · · 77
관계적 존재 · · · · · · · · · · · · · 73	무지의 지(무지의 자각) · · · · · 43
구상력 · · · · · · · · · · · · · · · · 87	물자체 · · · · · · · · · · · · · · · · 49
귀납법 · · · · · · · · · · · · · · · · 15	미래 윤리 · · · · · · · · · · · · · · 83
극기복례 · · · · · · · · · · · · · · 29	번뇌 · · · · · · · · · · · · · · · · · · 45
깨달음 · · · · · · · · · · · · · · · · 45	변증법 · · · · · · · · · · · · · · · · 33
나는 생각한다, 고로 나는 존재한다	사랑 · · · · · · · · · · · · · · · · · · 27
(코기토 에르고 숨) · · · · · · · 13	생명 권력 · · · · · · · · · · · · · · 71
노동자(프롤레타리아) · · · · · · 67	세계—내—존재 · · · · · · · · · · 51
니힐리즘 · · · · · · · · · · · · · · · 35	세인 · · · · · · · · · · · · · · · · · · 51
다중 우주론 · · · · · · · · · · · · · 19	스토아학파 · · · · · · · · · · · · · 25
대자존재 · · · · · · · · · · · · · · · 53	실존은 본질에 우선한다 · · · · · 53
도덕적 운 · · · · · · · · · · · · · · 37	실존주의 · · · · · · · · · · · · · · · 51
돌봄 · · · · · · · · · · · · · · · · · · 59	아가페 · · · · · · · · · · · · · · · · 27
동물의 권리 · · · · · · · · · · · · · 89	아우프헤벤(지양) · · · · · · · · · 33

아파테이아	25	전환적 경험	39
안티테제	33	절대지	33
얼굴	57	제행무상	45
에로스	27	종 차별	89
영원한 불	11	죽음을 향해 가는 존재	51
영원회귀	35	중용	23
예	29	즉자존재	53
우상(이돌라)	47	진테제	33
유교	29	채식주의자	89
인	29	초인	35
인간은 여자로 태어나는 것이 아니라 여자가 되는 것이다	55	최고의 선은 물과 같다	31
인간은 자유를 선고받았다	53	최대 다수의 최대 행복	69
인격 동일성	17	테제	33
인식적 부정의	93	파토스	87
인정	79	페미니즘	55
인정을 둘러싼 투쟁	79	포스트모던	85
일반의지	65	필리아	27
자본가(부르주아)	67	행복	69
자본주의	67	현상	49
자연 상태	63	형태	87
잠재 가능성 접근	91		
잠재력(잠재 능력)	91		
전체주의	75		

　세상은 늘 변화합니다. 새로운 과학 기술의 발명은 우리 생활을 풍요롭게 하고, 새로운 예술과 사상의 발전은 우리 마음을 풍요롭게 합니다.

　하지만 지금은 모두가 믿을 수 있는 '무언가'를 찾기 힘든 시대가 되었습니다. 또 사람들 사이의 격차가 벌어지고 생각의 차이가 좁혀지지 않아 다툼이 끊이지 않는 상황이기도 합니다.

　이런 세상의 진보와 과제를 마주하고 우리 생활을 조금이라도 개선하기 위해 노력하는 것이 학문입니다.

　'일러스트 교양 도감' 시리즈는 아이부터 어른까지 모두가 학문을 교양으로 즐길 수 있도록 만들었습니다. 여러분이 일상 생활을 하는 데 조금이라도 힌트를 얻기 바랍니다. 학문이라는 말을 들으면 연구자들이 대학에서 공부하는 '어려운 것'을 떠올리는 사람도 많겠지요. 그러나 '일러스트 교양 도감'은 말 그대로 알기 쉬운 문장에 일러스트를 곁들여 누구나 쉽게 이해할 수 있도록 구성했습니다.

　독자 여러분 중에는 아직 어린 친구들도 많을 것입니다. 그런 분이라면 앞으로 초등학교와 중학교, 고등학교에서 공부한 내용이 학문을 배우고 익혀 활용하는 데 도움이 된다고 생각하며 이 책을 읽기 바랍니다. 학문은 '왜 학교에 다닐까?' '공부해서 어디에 쓸까?'라고 생각한 적이 있는 사람에게 하나의 해답이 될 것입니다.

그리고 대학생이나 성인 독자도 있을 것입니다. 그런 분은 지식을 쌓아 가는 기쁨을 경험하고 이제부터 생활에 학문을 적용하기 바랍니다. 이 책에서 배운 내용 중에는 생활과 별로 관련이 없는 것도 있을지 모릅니다. 하지만 '생활에 적용한다'는 것이 반드시 생활이 편리해지는 것을 의미하지는 않습니다. 학문을 배우고 익혀 교양이 점점 쌓이면 마음이 풍요로워지고, 다른 사람과의 대화에도 깊이가 생길 것입니다.

학문에 관심 있는 모든 분이 이 책을 통해 희망과 꿈을 가지고 설레는 인생을 살았으면 좋겠습니다.

– 당신이 찾는 것은 여기에 있다(*quod petis hic est*)

편집부

옮긴이 정혜원

동국대학교에서 서양화를 공부하고 이화여자대학교 통번역대학원에서 한일 번역을 공부했습니다. 현재 출판 번역 에이전시 유엔제이에서 프리랜서 번역가로 일하면서 독립 출판물을 만들고 그림을 그리고 있습니다. 《실험 쥐 구름과 별》을 쓰고 그렸으며 《망각 탐정 시리즈》, 《정체》, 《보이는 노트 비즈니스 명저 100》, 《하루 한 권, 화학 열역학》, 《만화로 배운다! 디즈니 청소의 신이 가르쳐 준 것》, 《하루 한 권, 유전공학》, 《하루 한 권, 곤충》, 《동물 윤리의 최전선》 등을 옮겼습니다.

2025년 2월 28일 초판 1쇄 발행

감수 사토 구니마사(佐藤邦政)　**그린이** 모도로카　**옮긴이** 정혜원　**펴낸이** 김병준
펴낸곳 (주)**지경사**　**주소** 서울특별시 강남구 논현로 71길 12　**전화** 02)557-6351(대표) 02)557-6352(팩스)
등록 제10-98호(1978. 11. 12)

ILLUST GAKUMON ZUKAN KODOMO TETSUGAKU

© Kunimasa Sato 2024

All rights reserved.

Original Japanese edition published by KODANSHA LTD.
Korean translation rights arranged with KODANSHA LTD.
through EntersKorea Co., Ltd.

이 책의 한국어판 저작권은 (주)엔터스코리아를 통해 저작권자와 독점 계약한 (주)지경사에 있습니다.
저작권법에 의하여 한국 내에서 보호를 받는 저작물이므로 무단전재와 무단복제를 금합니다.

편집 책임 한은선 | **국내 디자인** 이수연
ISBN 978-89-319-3460-1 73100

• 잘못 만들어진 책은 구입하신 곳에서 바꾸어 드립니다.